BEI GRIN MACHT SICH IHR WISSEN BEZAHLT

- Wir veröffentlichen Ihre Hausarbeit,
  Bachelor- und Masterarbeit

- Ihr eigenes eBook und Buch -
  weltweit in allen wichtigen Shops

- Verdienen Sie an jedem Verkauf

Jetzt bei www.GRIN.com hochladen
und kostenlos publizieren

Bibliografische Information der Deutschen Nationalbibliothek:

Die Deutsche Bibliothek verzeichnet diese Publikation in der Deutschen National-
bibliografie; detaillierte bibliografische Daten sind im Internet über http://dnb.d-
nb.de/ abrufbar.

Impressum:

Copyright © 2018 GRIN Verlag
Druck und Bindung: Books on Demand GmbH, Norderstedt Germany
ISBN: 9783668712386

Dieses Buch bei GRIN:

https://www.grin.com/document/426512

Erik Wösten

Profisport und Studium? Sportstipendien in Deutschland und den USA im Vergleich

GRIN Verlag

GRIN - Your knowledge has value

Der GRIN Verlag publiziert seit 1998 wissenschaftliche Arbeiten von Studenten, Hochschullehrern und anderen Akademikern als eBook und gedrucktes Buch. Die Verlagswebsite www.grin.com ist die ideale Plattform zur Veröffentlichung von Hausarbeiten, Abschlussarbeiten, wissenschaftlichen Aufsätzen, Dissertationen und Fachbüchern.

Besuchen Sie uns im Internet:

http://www.grin.com/

http://www.facebook.com/grincom

http://www.twitter.com/grin_com

Profisport und Studium? Sportstipendien in Deutschland und den USA im Vergleich

Facharbeit im Rahmen des Seminarfachs

Vorgelegt von: Erik Wösten

Klasse: 11b

Gymnasium Haren, Schuljahr 2017/2018

Abgabedatum: 16.03.18

Kursthema: Sportsoziologie

Inhaltsverzeichnis

1. Einleitung

Spitzensportler, die nach der Schule den Weg einer sportlichen Karriere einschlagen wollen, sind sich oft nicht sicher, ob das der richtige Weg ist. In der heutigen Moderne gibt es duale Studiengänge. Ein duales Studium ist die Vermischung von einem Studium und der dazugehörigen Berufsausbildung. Dazu gehören theoretische Vorlesungen an einer Hochschule oder Berufsakademie[1] und mehreren Praxisphasen, die in dem Unternehmen vollzogen werden. Die Theorie- und Praxiseinheiten wechseln sich in regelmäßigen Abständen ab. Das Ziel eines solchen dualen Studiengangs ist, dass am Ende die Person einen Bachelor Abschluss und eine Berufsausbildung in der Materie erfolgreich abgeschlossen hat.[2] Aber es gibt auch duale Studiengänge für Spitzensportler, die während ihres Studiums auch ihren Profisport in Wettkämpfen weiter austragen können. Dabei werden ein Studium und die sportliche Karriere kombiniert. Das Ziel ist die Inklusion von Sportlern in das Bildungssystem. Durch viele Förderprogramme und Finanzielle Unterstützungen, wie Sportstipendien. wird die Doppelbelastung der Sportler reduziert.

In der folgenden Arbeit werde ich das Amerikanische System der Sportförderung erklären und mit den deutschen Programmen vergleichen. Dabei werde ich auf die „NCAA", die Entstehung des Collegesports in den USA, die „NCAA" heute, die „divisions", die „Athletic Departments" und auf die Anforderungen und Regeln eines Sportstipendiums eingehen. Danach werde ich noch eine Kritik am amerikanischen System vornehmen. Nachdem ich mich mit dem amerikanischen System befasst habe, werde ich das deutsche System thematisieren. Dabei werde ich speziell auf die Sportförderung in der Bundeswehr eingehen. Danach werde ich den studentischen Spitzensport in Deutschland thematisieren und auf den Verband adh und seine Entstehung erläutern. Am Ende werde ich die Funktion der Olympiastützpunkte in Deutschland erklären und als letztes ein Fazit verfassen, wo ich die Unterschiede und Gemeinsamkeiten feststelle.

---

[1] Vgl. o. A. (2011): *Duales Studium* [https://www.bibb.de/de/702.php]
[2] Vgl. o. A. (2013): *Was ist ein duales Studium?* [https://www.wegweiser-duales-studium.de/infos/was-ist-ein-duales-studium/]

1

2. Sportstipendium

Das Wort Stipendium kommt aus dem lateinischen und beschreibt die- meist finanziel-le- Unterstützung eines Schülers, Studenten, Künstlers, Sportlers oder Wissenschaftlers. Die Stipendien werden oft zur Elitenförderung genutzt. Der Begriff wurde erstmals nach unserer heutigen Bedeutung im 16. Jahrhundert benutzt. Die Stipendien sollen den sogenannten Stipendiaten die Ausbildung/Studium erleichtern, indem sie in mehreren Bereichen speziell gefördert werden. Die Stipendiaten werden hauptsächlich finanziell unterstützt, um ihren Lebensunterhalt oder bestimmte Studienmittel zu bezahlen.[3] Bei einem Sportstipendium darf der Stipendiat seine Wettkämpfe, sein Training und die dazugehörige Vorbereitung während seines Studiums ausüben. Währenddessen wird das Studium im normalen Fall finanziert. Hinzufügend gehört zu diesem Sportstipendium auch ärztliche Betreuung und meistens noch mehr Hilfe, die ich im folgenden Text er-klären werde[4].

3. NCAA

Die NCAA („National Collegiate Athletic Association") ist eine ehrenamtliche und ge-meinnützige Organisation, welche die Funktion besitzt, den gesamten Universitäts- und Collegesport zu steuern und zu überwachen, wie auch zu strukturieren und zu organisie-ren. Insgesamt beherbergt die NCAA 1117[5] Colleges und Universitäten. Darunter be-finden sich 100[6] „Athletic conferences".

„Athletic conferences", oder nur „conferences" sind regionale Zusammenschlüsse von Universitäten und Hochschulen, die für ihren Verbund Regeln aufstellen. Die con-ferences tragen eigene Meisterschaften aus -Vergleichbar mit den regionalen Ligen im Fußball. So gut wie jede Sportart in den USA haben im Bereich des College- und Profi-sports eigene conferences.

Die Organisation verfolgt das Interesse, jeden einzelnen studierenden Sportler zu unter-stützen, damit dieser nicht nur im Sport Erfolg hat, sondern auch akademisch das Opti-mum erreichen wird. Die Universitäten, Colleges und conferences sind alle Bestandteile der NCAA. Diese Bildungseinrichtungen, welche zu dem Verband (NCAA) gehören, nehmen sowohl regelmäßig an regionalen, als auch an nationalen Wettkämpfen teil.

---

[3] Vgl. o. A. (2007): *Was bedeutet Stipendium?* [+www.e-fellows.net/Studium/Stipendien/FAQ-zu-Stipendien/Stipendium-Eine-Definition]
[4] Vgl. Schenk (2011): *Sport und Studium? USA!.* [http://www.zeit.de/2011/29/C-Sportler-in-USA]
[5] Vgl. Abb. 1.: *Members*
[6] Vgl. Abb. 2.: *Members*

Das Regelwerk der einzelnen conferences bestimmt auch die Vorgaben und Rahmenbedingungen für die Verteilung der Stipendien. Doch wie ist der Verband strukturiert? Jede einzelne Institution, welche Mitglied der NCAA ist, wählt einen ehrenamtlichen Repräsentanten, der in den Komitees seine Bildungsstätte vertritt. In den Konferenzen der Komitees werden Regeln verabschiedet, die dann für den gesamten Verband gelten. Aber wer gehört zu den Führungskräften, die sich mit dem gesamten Verband befassen? Alle Hochschulen sind in divisions (Abteilungen, Division) eingeteilt. Insgesamt gibt es drei Divisionen. In jeder Division werden Vertreter gewählt, die das „Executive Comitee" der NCAA bilden. In der ersten Division werden 13 Vertreter gewählt. In der zweiten und dritten jeweils nur drei, was insgesamt 19 Delegierte ergibt. Deren Aufgabe besteht darin, sich mit den Problemen des gesamten Verbandes zu befassen. Da das zu viel Arbeit für 19 Abgesandte wäre, werden diese von zwölf „Association-wide Comitees" (übergreifende Komitees) unterstützt. Jeder Ausschuss besitzt seine eigene Funktion und informiert sich jeweils über verschiedene Themen und Probleme. Diese Ausschüsse beraten und informieren dann das Executive Comitee.

Die NCAA hat sich für die Instandhaltung eigenständige Ziele gesetzt, wie zum Beispiel die Wettkämpfe zu kontrollieren und/oder zu beaufsichtigen. Dabei soll es um ehrliches, sicheres und faires Verhalten im Sport gehen. Ebenso soll dadurch die Integration des Universitäts- und Collegesports gefördert werden, ohne den Bildungsauftrag aus den Augen zu verlieren[7].

3.1. Entstehung des Collegesports in den USA

Alles hat in der Mitte des 19. Jahrhundert begonnen. Seit dem hat das amerikanische Bildungssystem angefangen, Nachwuchssportler zu unterstützen und zu finanzieren. Im Jahre 1852 fand der erste Universitätswettkampf statt, welcher zwischen den Hochschulen Harvard und Yale durchgeführt wurde. Sie bestritten den Wettkampf in der Disziplin Bootrennen. Das Bootrennen gehörte zu den ersten Anzeichen von Kommerz im Sport an Hochschulen, da es von „Bosten, Concord and Montreal Railroad" gesponsert wurde. Diese Wettkämpfe wurden jedoch am Anfang noch von den dortigen Studenten organisiert. Dies änderte sich schnell, da die Institutionen den kommerziellen Hintergedanken für sich entdeckt haben. Durch diese Wettkämpfe haben die Universitäten angefangen, junge Spitzensportler zu rekrutieren, um sie für ihre Einrichtung an den Wettkämpfen teilzunehmen zulassen. Seit dem Anfang des 20. Jahrhunderts gibt es Aus-

---

[7] Vgl. Bendrich(2014):*Studentischer Spitzensport zwischen Resignation, Mythos und Aufbruch*. S.170f.

nahmeregelungen, die für die Aufnahme studentischer Spitzensportler sorgen. Es kam jedoch schnell zur illegalen Bezahlung der Sportler für ihre Dienste. So ist der College-sport schon am Anfang seiner Karriere auf Formen von Kommerz und Korruption getroffen. Viele Spitzensportler -deren Leistungsstand zu niedrig für das Studium war-wurden trotzdem aufgenommen, damit die Universität höhere Chancen auf Siege hatte. Ebenso konnten dadurch der politische Einfluss und die kommerziellen Einkünfte erhöht werden. Aus diesen Gründen mussten vernünftige Regeln geschaffen werden, welche die Rekrutierungen regelten und die Wettkämpfe überwachten. Als die Sportart „American Football" am Anfang des 20. Jahrhundert entstanden ist, war dieser noch sehr brutal und gefährlich. Deshalb wollte der damalige Präsident Roosevelt diese Sportart abschaffen oder wieder zivilisieren. Am 28. Dezember 1905 wurde in New York die Organisation "IAAUS" (Intercollegiate Athletic Association of the United States) gegründet. Diese Organisation hatte den Auftrag, den American Football zu zivilisieren. Fünf Jahre später wurde der Name der IAAUS zu NCAA geändert. Somit ist die NCAA geboren. Für die ersten Jahre der NCAA wurde sie nur für einen Verband gehalten, der für die Regelfestlegungen zuständig war, wie zum Beispiel die „Home Rule". Diese Regel sorgte für klare und genaue Zulassungsvorrausetzungen, die besagt, dass die Universitäten alle Spitzensportler registrieren müssen. Ebenso dürfen nur noch Sportler aufgenommen werden, welche den Leistungsvorrausetzungen der jeweiligen Universität entsprechen. Deshalb war es für Hochschulen, welche einen weniger hohen Anspruch besaßen, leichter, mehr Sportler zu rekrutieren, als Hochschulen mit hohen Ansprüchen. Aus diesem Grund war die Wahrscheinlichkeit auch bessere Sportler zu erhalten, höher.

Im Jahre 1921 wurden dann die ersten organisierten Wettkämpfe abgehalten. Die „National Colegiate Track and Field Championships". Doch in den 30er Jahren kursierten viele Skandale rund um die NCAA. Durch die Carnegie-Stiftung erkannte man, dass an 81 Hochschulen in den USA Spieler illegal bezahlt oder finanziert wurden. Dadurch wurden die ersten einheitlichen Regeln, der „Sanity Code" (Vernunftcode) verabschiedet. Jedoch trat dieser erst 1948 in Kraft. Trotz den Regelwerken haben viele Universitäten dagegen verstoßen. Deswegen wurde der Sanity Code nach ein paar Jahren wieder außer Kraft genommen. In den 50er Jahren wurde in den USA die Regelungen zur Stipendienvergabe erstmals öffentlich diskutiert, was dazu führte, dass die NCAA als „offizielles Kontrollorgan des amerikanischen studentischen Spitzensport"[8] anerkannt wurde. Der erste verantwortliche Direktor, Walter Byers, der 1951 gewählt wurde und sorg-

---

[8] Zit. Bendrich (2014): *Studentischer Spitzensport zwischen Resignation, Mythos und Aufbruch.* S. 174

te für die Einführung des Begriffs „student-athlete". Dieser Begriff sollte die studierenden Spitzensportler vor illegalen Bezahlungen beschützen und sie vom Profisport ab-
grenzen. Im Jahre 1973 wurden die Hochschulen in sogenannte Divisionen unterteilt.
Immer wieder gab es mehrere Regelreformen, die das Leben der Betroffenen erleichtern
sollten. Wie in den 70ern, wo die „Athletic Departments" die Zeit- und Organisations-
probleme der Sportler erkannten und versuchten zu beheben. Daraus resultierte die
Gründung der „NAAA". Das ist eine Subinstitution der NCAA, welche die Probleme
der Sportler, gleichgültig ob persönlich, schulisch, finanziell oder sportlich, zu lösen
versuchte. Dabei stehen den Sportlern Berater zur Verfügung. Die „NAAA" ist ebenso
dafür Zuständig, den Sportlern ein besseres Zeitmanagement zu verschaffen, um die
Leistungen akademisch und sportlich zu steigern und auf das Optimum zu bringen.

Durch die Regelung des „Title IX" wurde der Frauensport in dem Jahre 1972 mit auf-
genommen. Der „Title IX" ist eine Regelung, die besagt, dass alle Geschlechter im
Sport gleich behandelt werden sollen. Ebenso wurde laut Bendrich in dem gleichem
Jahr die Diskriminierung in staatlichen Institutionen verboten. Für den Frauensport
wurde die „AIAW" (Association for Intercollegiate Athletics for Women) eingerichtet.
Jedoch übernahm nach wenigen Jahren die NCAA die Aufgaben der AIAW. In den fol-
genden Jahren gab es mehrere Regelreformen zur Aufnahme der Studenten, bei der das
Anforderungsniveau gesteigert wurde um die Durchfallquote zu erhöhen. [9]

3.2. NCAA Heute

Der Hauptstandort der NCAA liegt in Indianapolis, Indiana, wo der amtierende Direktor, Mark Emmert, sein Büro hat. Zu den zentralen Aufgaben der NCAA gehört die Organisation von nationalen Wettkämpfen, das Erlassen von Richtlinien und Regelungen
für den Universitätssport, Dokumentation der Ergebnisse und Rekorde, Förderprogramme für Athleten, Vergabe von Sportstipendien und der Verkauf und die Sicherung
von TV-Übertragungsrechten. [10]

3.3. Die Divisionen

Wie schon bereits in einem vorherigen Punkt erklärt gibt es drei divisions (Abteilungen). Jede einzelne Hochschule wird in eine division eingeteilt. Diese Abteilungen zeigen die Leistungsstandards der Universitäten im Bereich der Professionalität und der

---

[9] Vgl. Bendrich(2014):*Studentischer Spitzensport zwischen Resignation, Mythos und Aufbruch.* S.171-177
[10] Vgl. Bendrich(2014):*Studentischer Spitzensport zwischen Resignation, Mythos und Aufbruch.*S.178

Organisation. Dabei haben die Hochschulen, welche sich in den Divisionen eins und zwei befinden, das Recht, Sportstipendien zu verteilen. Die Mitglieder der Division drei werden von diesem Privileg ausgeschlossen. Allerdings nutzen diese eine Lücke im System aus, indem sie kein Sportstipendium verteilen, sondern „need-based". „Need-based" werden an Menschen verteilt, die ohne soziale Hilfe nicht die College Gebühren bezahlen können.

Jetzt werde ich auf die Vorrausetzungen und Bedingungen der einzelnen Divisions eingehen. Die Bedingungen müssen jedes Jahr vollständig erfüllt werden. Falls dies nicht eintritt und eine Universität gegen die Vorlagen verstößt, wird diese aus der Division verstoßen und in die nächst niedrigere platziert.

Um in der Division I zu landen, werden mindestens sieben Sportarten vorausgesetzt, die in dem Programm der Universität für beide Geschlechter angeboten werden.

Oder sechs Männer- und acht Frauensportarten. Die Spiele, die die Institution mit ihren Mannschaften bewältigen, müssen zu 50 Prozent gegen andere Hochschulen aus der Division I ausgetragen werden. Von den Spielen muss ein Drittel in dem Heimstadion ausgeführt werden. Die Universitäten sind ebenso dazu verpflichtet, einen Zuschauerdurchschnitt von insgesamt 15.000 Zuschauern vorzuweisen. Hinzufügend wird ein Mindestbeitrag an finanzieller Unterstützung für die Athleten in dieser Division bestimmt.

In der Division II müssen jedes Jahr fünf Sportarten für Frauen und Männer- oder sechs für Frauen und vier für Männer angeboten werden. Zwei dieser Sportarten, auch jeweils für Frauen und Männer, müssen Mannschaftssportarten sein. Genauso wie in der Division I sollen 50 Prozent der Spiele gegen andere Mannschaften aus der Division II ausgetragen werden. In der Division II gibt es keinen Mindestbeitrag an finanzieller Unterstützung, sondern einen Höchstbeitrag, der nicht überschritten werden darf.

Mitglieder der Division III müssen mindestens fünf Sportarten anbieten. Auch hier sollen davon mindestens zwei Mannschaftssportarten für Frauen und Männern angeboten werden[11].

Insgesamt befinden sich momentan 350 Colleges in der Division I. Diese 350 Colleges fördern insgesamt 6000 Mannschaften mit insgesamt 170.000 Sportler[12]. In den drei Divisions befinden sich mehr als 450.000 Studenten, die eine finanzielle Unterstützung von insgesamt 2,4 Milliarden Dollar[13] erhalten.

---

[11] Vgl. Bendrich (2014): *Studentischer Spitzensport zwischen Resignation, Mythos und Aufbruch.* S.179f
[12] Vgl. o. A. (o. J.): *NCAA Division I.* [https://www.ncaa.org/about?division=d1]
[13] Vgl. Bendrich (2014): *Studentischer Spitzensport zwischen Resignation, Mythos und Aufbruch.* S.180

3.4. Athletic Departments

Das Athletic Department ist eine Institution innerhalb der Universität, welche sich auf den Sport konzentriert. Genauer genommen spezialisiert sich das Athletic Department nur auf den Leistungssport und nicht auf den Breitensport. Für den Breitensport gibt es das „Physical Education Department" um Konflikte zwischen den beiden Arten zu verhindern, da der Leistungssport die Höchstleistung fordert und der Breitensport eher als Hobby definierbar ist. Das Ziel dieser Trennung besteht darin, die Sportler, die den Leistungssport betreiben, bestmöglich und spezieller zu fördern und nicht aufgehalten werden. In den Athletic Departments wird den Sportlern professionelle Hilfe und Betreuung zu jeder Zeit angeboten. Den Athleten werden hauptberufliche Sportpsychologen, Sportärzte und Physiotherapeuten zur Verfügung gestellt. [14]

3.5. Anforderungen und Regeln

Bevor ein Stipendium vergeben wird, muss der Anwärter auf der Internetseite „NCAA Eiligibility Center"[15] einen Test durchlaufen, welcher wie ein Fragebogen aufgebaut ist. Bei diesem Test wird er 60 Minuten auf die Probe gestellt und es wird vorausgesetzt, dass mindestens 80 Prozent der Fragen richtig beantwortet werden. Wenn das nicht der Fall ist und der Anwärter nicht die Mindestpunktzahl erreicht, fällt er durch und hat keine Chance auf das Stipendium. Falls der Anwärter den Fragebogen erfolgreich ausgefüllt hat, muss dieser von der NCAA noch positiv bewertet werden. Erst dann wird ihm das Stipendium ausgestellt und er bekommt eine Erlaubnis zum Spielen und erhält den Status eines student-athlet. Als ein student-athlet bezeichnet zu werden ist ein Privileg, welches nur Personen bekommen, die ein Sportstipendium von der NCAA besitzen und im Moment noch am Studieren sind. Während des Studiums müssen die Sportler eine bestimmte Anzahl an Kursen belegen. Falls dieses nicht erreicht wird, kann es sein, das sie vom Wettkampf ausgeschlossen werden oder ihr Stipendium verlieren.

Durch die Erfahrungen aus den letzten Jahrzenten hat die NCAA beschlossen, dass die Spieler nur vier Stunden und höchstens 20 Stunden in der Woche trainieren dürfen. Zu diesen 20 Stunden gehören alle Tätigkeiten, die zu der Sportart gehören.

Die Studienzeit beträgt vier Jahre, um den Bachelor zu erreichen, kann jedoch maximal um ein Jahr verlängert werden, falls Verletzungen innerhalb des Studiums vorliegen.

---

[14] Vgl. Benrich(2014):*Studentischer Spitzensport zwischen Resignation, Mythos und Aufbruch.* S. 181
[15] https://web3.ncaa.org/ECWR2/NCAA_EMS/NCAA.jsp (Abgerufen am: 08.03.18)

Pro Semester müssen die Sportler mindestens zwölf „Credit hours"[16] vorweisen. Credit hours ist die Einheit, womit die Zeit, welche der Student in Vorlesungen und ähnlichen Terminen verbringt. Eine Credit hour beträgt im normalen Fall drei Stunden. Genauso soll „GPA"[17] der Studenten pro Semester steigen. Der GPA (Great Average Points: A=4.0 Excellent, B=3.0 Great, C=2.0 Satisfactory, D=1.0 Sufficient, E=0 Insufficient) ist die Einteilung des Notenspiegels in Amerika.

4. Kritik am amerikanischen System

Viele Punkte im amerikanischen Hochschulprogramm bringen positive Aspekte sowie auch Vorteile mit sich. Es sorgt für eine klare, strukturierte Unterstützung der Athleten, wobei es ein durchgängiges Programm zur Talentförderung beinhaltet fördert. Da kein Programm jemals perfekt sein kann, hat auch das amerikanische System einige negative Punkte vorzuweisen.

In der Studie von Blinde[18], wurden studierende Athleten befragt, die durch zu hohen Leistungsdruck das Programm freiwillig oder unfreiwillig verlassen haben. Die Ergebnisse dieser Studie zeigen, dass es nicht nur Vorteile, sondern auch mehrere Nachteile bei einem solchen Studium gibt. Diese Nachteile weisen auf den immensen Druck hin, den die Athleten bewältigen müssen. Trotz der Unterstützung durch die jeweiligen Bildungsinstitutionen wird das Leben vereinfacht, aber der Leistungsdruck durch die hohen Anforderungen besteht immer noch.

Ebenso sind die Universitäten verpflichtet, die Athleten nur während den vier Jahren Spielzeit finanziell zu unterstützen. Daraus resultiert die Frage ob, die Athleten nach den vier Jahren eine berufliche Karriere ansteuern, die Karriere im Hochleistungssport weiter zu betreiben oder nach einem Masterstudium zu streben. Dieses Masterstudium wird aber, wie bereits gesagt in den meisten Fällen nicht mehr finanziell unterstützt. Deswegen beenden diese Sportstudenten das Studium meistens mit dem Bachelor Abschluss.

Doch nicht nur der Leistungsdruck ist eine Schwäche des Systems, sondern auch die Medialisierung. Durch den Collegesport in Amerika wird sehr viel Geld gemacht.

---

[16] Vgl. o. A. (2012): Umrechnung & Anerkennung nordamerikanischer (USA oder Kanada) Credit Units in ETCS [https://www.academic-embassy.de/blog/umrechnung-und-anerkennung-nordamerikanischer-usa-oder-kanada-credit-units-in-ects/]

[17] Vgl. Florin (o. J.): What is a GPA? [https://www.studyusa.com/en/a/179/what-is-a-gpa] (Abgerufen am: 08.03.18)

[18] Vgl. Blinde(1992):The „sport career death" of college athletes: Involuntary and unanticipated sport exist. S.3-20

Durch einige Beispiele werde ich dies veranschaulichen. In der Nacht von Montag auf Dienstag (9.1.2018) fand das jährliche Finale des Collegesports statt. In diesem Finale standen sich die „Alabama Crimson Tide" und die „University of Georgia Bullogs" gegenüber. Dabei haben mehr als 30 Millionen Zuschauer zugesehen und es waren über 70.000 Zuschauer in der Mercedes-Benz Arena in Georgia anwesend.[19] Die günstigsten Tickets haben im Internet 1450 Dollar gekostet. Die Spiele werden auf dem Sender „ESPN" übertragen, welcher für die Übertragungsrechte von 2014-2025 fünfeinhalb Millionen Dollar gezahlt hat. Schon jetzt erkennt man, dass sich hinter dem Collegesport ein riesiges Milliardengeschäft verbirgt.

Was viele Personen verwundert, ist dass die Spieler am wenigsten Geld bekommen, obwohl sie die Haupteinnahmequelle sind. Der Präsident der NCAA, Mark Emmert, ist der Mann, der das Geld verteilt. Nach seiner Begründung sollen die Spieler nicht entlohnt werden, weil sie Studenten sind und keine Arbeitnehmer. Des Weiteren sollen die Spieler nicht für ihr Engagement bezahlt werden. Hinzufügend wird behauptet, dass sie schon durch die Stipendien genug Unterstützung erhalten und deswegen es gar nicht nötig hätten, noch mehr Geld zu verdienen. An der „Texas A&M" wurde in der Saison 2015-2016 der bisher größte Umsatz gemessen. Dieser lag bei 194 Millionen Dollar. Zusätzlich verdiente die „University of Alabama" durch das diesjährige Finale 164 Millionen Dollar.

Jedoch gehören die Spiele nicht zu den einzigen Einnahmequellen. Bei dem Beitreten der Universität und Akzeptieren des Vertrages müssen die Spieler die Rechte ihres Namens an die Universität abtreten. Wenn dieser Spieler durch Erfolge sehr bekannt wird, verdienen die Bildungsinstitutionen durch sogenanntes „Merchandising" (Die Gesamtheit aller verkaufsfördernden Maßnahmen[20]) Millionen Dollar. Das Problem hierbei ist, dass die Studenten nur noch als „Mittel zum Zweck" angesehen werden und nur ihr Ruf einen Stellenwert bei der Universität besitzt. Aber wie Immanuel Kant in seinem Buch Grundlegung zur Metaphysik der Sitten schrieb *„Handle so, daß du die Menschheit sowohl in deiner Person, als in der Person eines jeden anderen jederzeit zugleich als Zweck, niemals bloß als Mittel brauchest."*[21] Daraus resultiert ein immenser Druck auf die Sportler, da die Vermarktung in den beliebten Sportarten (Basketball, American Football) sehr ausgeprägt ist. Jedoch sind die meisten anderen Sportarten, wie Wasser-

---

[19] Vgl. Länge(2018): Der Trainer von Alabama verdient Elf Millionen Dollar.[
http://www.sueddeutsche.de/sport/college-football-amateure-im-milliardenspiel-1.3815449-2]
[20] Vgl. Prof. Dr. Esch(o. J.): Merchandising.[
http://wirtschaftslexikon.gabler.de/Definition/merchandising.html]
[21] Zit. Kant (1785): *Grundlegung zur Metaphysik der Sitten.* S.79

ball oder Gymnastik keine profitablen Einnahmequellen. Des Weiteren ist es den Studenten verboten, während ihres Studiums auf keinerlei Art Geld zu verdienen. Bei Regelverstößen kann man sein Stipendium verlieren. Ein treffendes Beispiel dafür ist der ehemalige Student Donald De La Haye. Er spielte für die „University of Central Florida" und verlor sein Studium, weil er auf „Youtube" durch Videos Geld verdiente.

Weil die Sportler kein Geld verdienen dürfen, entsteht auch öfters die Diskussion, ob diese bezahlt werden sollten oder nicht. Doch immer wieder wird diskutiert, wer denn im Endeffekt die Spieler bezahlen soll. Zudem kann es sein, dass das Geld die Spieler beeinflusst und sie von ihrem Studium ablenkt. Außerdem weiß niemand ob die jungen Spieler mit dem Geld umgehen können. Ebenso stellt sich die Frage, ob die Spieler alle gleich viel Geld bekommen oder nicht. *„Da hört bei mir das Verständnis auf. Die Spieler werden genug unterstützt."*[22] Nick Saban (Headcoach des American-Football-Teams in der University of Alabama) verdiente in diesem Jahr achteinhalb Millionen Dollar. Dabei besonders hervorzuheben ist der finanzielle Nachteil der Spieler, da sie keinen eigenen Verdienst bekommen, obwohl die Beträge ihrer Trainer in die Millionen Höhe gehen.

Doch wohin gehen diese Unmengen an Geld? Die jeweiligen Sport-Abteilungen sorgen mit ihrem Kapital für ideale Arbeits- und Trainingsbedingungen für das Personal und für die Spieler. Ebenso werden immer neuere und modernere Trainingsorte für die Athleten geschaffen[23].

5. Das Deutsche Sportfördersystem der Bundeswehr

Die Förderung deutscher Athleten wird auf der Bundesebene größtenteils von der Bundeswehr übernommen. Jährlich werden ungefähr 800 Athleten mit einer Stelle zur Vorbereitung auf den Spitzensport ausgestattet. Während der Ausbildungszeit/Studium wird viel Rücksicht auf die Sportler genommen, indem Anforderungen im militärischen Bereich auf das Minimale gesenkt werden. Die duale Belastung der Sportler wird finanziell unterstützt, sowie auch ideal gefördert. Innerhalb der Sportfördergruppen beanspruchen das Training, die Wettkämpfe und die Vorbereitung 70 Prozent ihrer Dienstzeit. Die militärische Ausbildung/Studium solle 30 Prozent umfassen.

---

[22] Zit. Länge (2018): *Der Trainer von Alabama verdient Elf Millionen Dollar.*[http://www.sueddeutsche.de/sport/college-football-amateure-im-milliardenspiel-1.3815449-2]
[23] Vgl. Länge (2018): *Der Trainer von Alabama verdient Elf Millionen Dollar.*[http://www.sueddeutsche.de/sport/college-football-amateure-im-milliardenspiel-1.3815449-2]

Die Bundeswehr erhält insgesamt, nach offiziellen Angaben, 60 Millionen Euro an finanzieller Unterstützung. Inoffizielle Quellen schätzen einen Wert von 100 Millionen Euro pro Jahr, die die Bundeswehr bekommt. Von den 60 Millionen Euro werden 20 Millionen Euro als Personalkosten bereitgestellt. Hinzufügend erhält der Bund 270.000 Euro für die Verpflegung der Sportsoldaten im Jahr. Jeder Sportsoldat bekommt ein festes Gehalt von insgesamt 3000 Euro.

Das Problem dieses Programmes ist, dass die meisten Sportler keine abgeschlossene Berufsausbildung vorzuweisen haben. Ebenso besitzen die Sportler nicht ausreichend militärische Kenntnisse, um eine Karriere im Bund fortzusetzen oder aufzusteigen. Außerdem wählen die meisten Sportsoldaten die Bundeswehr nicht wegen des Berufes, sondern um eine ideale Sportförderung zu bekommen. Dies führt oft zu Problemen während der Ausbildung/ des Studiums.[24]

6. Studentischer Spitzensport in Deutschland

Der Sport, besonders an den Universitäten, ist enorm wichtig für die dortigen Studenten. Er sorgt für soziale Kontakte, baut den Stress ab und fördert die Gesundheit.

Die duale Karriere als Sportler an einer Hochschule besitzt im Moment eine geringe Bedeutung in Deutschland, da diese Idee erst vor wenigen Jahren das erste Mal angewendet wurde. Trotzdem wurden immer mehr Erfolge durch dieses Fördermittelprogramm gemessen. Aber trotzdem werden die Studenten immer wieder mit Konflikten konfrontiert.

Aber wie entstand der Studentische Spitzensport in Deutschland? Nach dem zweiten Weltkrieg wurden im getrennten Deutschland zwei verschiedene Hochschulsportprogramme kreiert. In der DDR wurde der Sport an den Universitäten zur Pflicht, um die sportliche Elite zu fördern. In der BRD wurde der Universitätssport eher als Freizeitprogramm angesehen. In der BRD wurde das Anliegen der Studenten, Wettkämpfe gegen andere Hochschulen zu bestreiten, erhört, worauf die ersten Wettkämpfe stattgefunden haben. Im Jahre 1948 wurde der Verband „Arbeitsgemeinschaft deutscher Hochschulsportreferenten"(AdH) gegründet, um die Wettkämpfe zu koordinieren. In den 50ern und 60ern hat der AdH als erster Verein aus Deutschland an internationalen und nationalen Wettkämpfen teilgenommen. In den folgenden Jahrzenten wurde immer

---

[24] Vgl. Bendrich (2014): *Studentischer Spitzensport zwischen Resignation, Mythos und Aufbruch.* S. 83ff.

wieder der Zweck des Hochschulsportes diskutiert. Während der Wende in den 90ern, wurden die beiden Verbände zusammengelegt, weshalb sich beide auf Veränderungen einstellen mussten. Dadurch wurde auch der Name des Verbandes zu „Allgemeinen Deutschen Hochschulverband"(adh) geändert. Durch die Zusammenlegung der beiden Programme wurden neue Ziele und Schwerpunkte festgelegt. Im Jahre 1994 hat es der adh mit Hilfe des DSB[25] (Deutscher Schützenbund) geschafft, ihre Regelungen in den Landeshochschulgesetzen zu verankern. Zum Beispiel wurde es den einzelnen Universitäten überlassen, den Umfang und den Inhalt des Hochschulsportes festzulegen. Trotzdem wurde in den darauffolgenden Jahren festgestellt, dass ohne Selbstfinanzierung die Präsenz des Hochschulsportes gefährdet ist, weil der Staat Kürzungen vorgenommen hatte. Aus diesem Grund wurde eine kleine Menge an Gebühren von der Seite der Studenten verlangt, die diese Sportangebote nutzten. Durch diese Einnahmen wurden in verschiedenen Universitäten Gewinne gemessen, die meist in Personal investiert wurden.

Zeitgleich wurde das Sportreferat gegründet. Das Sportreferat ist meist innerhalb des Allgemeinen Studierenden Ausschuss (AStA) bzw. des Studienrates (StuRa) in der Universität verankert. Das Studienreferat behandelt die Themenbereiche der Betreuung der Studenten, die Mitorganisation von Sportveranstaltungen, wie Wettkämpfe oder Turniere. Dazu kümmern sich die Mitglieder um die Finanzanträge und Aufwandentschädigungen für die Teilnehmer und um die Durchführung der Sportlerwahl.[26] Ebenso besitzt das Sportreferat einen gemeinnützigen Ruf, da er bislang nur von Studenten ehrenamtlich geführt wird. In den nächsten Jahren sammelte sich die Erfahrung und die Professionalität stieg.

Momentan besteht jeder Ausschuss des Verbandes ungefähr zur Hälfte aus Studenten und zur anderen Hälfte aus hauptamtlichen Mitarbeitern. Diese Aufteilung ist durch Regelungen im adh auch gegeben.[27]

6.1. Die adh Heute

Zur Zeit besteht der adh aus 185 Universitäten und Fachhochschulen. Insgesamt sind 2,4 Millionen Studenten und 550 Tausend Mitarbeiter Teil dieses Dachverbandes in

---

[25] Vgl. o. A. (o. J.): *Der Deutsche Schützenbund.* [http://www.dsb.de/dsb/]
[26] Vgl. Sterzing (o. J.): *Referat Sport.* [https://www.stura.tu-dresden.de/referat_sport]
[27] Vgl. Bendrich (2014): *Studentischer Spitzensport zwischen Resignation, Mythos und Aufbruch.* S. 146ff

Deutschland. Er gehört auch noch zu den größten Verbänden Deutschlands. Der adh fördert aber auch die Weiterbildung der Studenten und Mitglieder. Sie bieten Aus- oder Weiterbildungen in verschiedenen Themenbereichen an, wie zum Beispiel Fitnesssport und Gesundheitssport oder in Bereichen Organisation. Er bietet jährlich bis zu 50 Sportarten an, wobei Wettkämpfe in Hochschulmeisterschaften, Fachhochschulmeisterschaften und Pokalveranstaltungen unterteilt werden. Um auch International an Wettkämpfen mitwirken zu können, ist der adh ein Teil der „European University Sports Association" (EUSA), welcher innerhalb Europas diesen Universitätssport leitet, und der „International University Sports Federation" (FISU), die den weltweiten Bereich abdeckt. [28]

7. **Das Konzept : Partnerhochschule des Spitzensport**

Im Jahre 1999 hatte die Hochschulrektorenkonferenz (HRK) mit dem Deutschen Sportbund, der Stiftung deutscher Sporthilfe, dem Deutschen Studentenwerk und dem Allgemeinen Hochschulverband festgestellt, dass die Förderungen von studentischen Spitzensportlern nicht klar geregelt ist und deshalb diese intensiviert werden muss. 2002 wurde das Projekt „Partnerschule des Spitzensport" ins Leben gerufen. Dabei wurden wichtige Interessensvereinbarungen mit den Olympia Stützpunkten und den regionalen Universitäten getroffen. Die Intention war eine spezielle Förderung der studentischen Spitzensportler, um deren Inklusionsproblem aufzulösen. Momentan sind 90 Mitgliedsschulen Teil dieses Projektes. Diese Hochschulen mussten folgende Leistungen erbringen. Dabei werde ich jetzt die wesentlichen und wichtigsten Punkte zitieren. „*Erleichterungen bei der Aufnahme eines Studiums durch Nutzung der vorhandenen Härtefallregelungen und Anrechnung des sportlichen Engagements im Rahmen der rechtlichen Möglichkeiten bei den lokalen Aufnahmeverfahren.- Flexibilisierung von Studienleistungen und Anwesenheitszeiten beispielsweise durch Nacharbeiten von Fehlzeiten, Nutzung von e-Learning Angeboten, flexible Abgabe von Seminararbeiten, flexible Terminierung von Praktika, Angebote von Studienersatzleistungen oder Verlegung von Prüfungen.- Synchronisation von Studien- und Wettkampfplänen.- Kostenfreie oder kostenreduzierte Nutzung hochschuleigener Sportstätten.- Bereitstellung von Wohnheimplätzen.- Bereitstellung eines besonderen Ernährungsangebots.- Reduktion von Studiengebühren, sofern nach Landesrecht möglich.*[29]

---

[28] Vgl. Bendrich (2014): *Studentischer Spitzensport zwischen Resignation, Mythos und Aufbruch.* S. 148f
[29] Zit. Bendrich (2014): *Studentischer Spitzensport zwischen Resignation, Mythos und Aufbruch.* S. 151

Außerdem wird die Einbindung von Partnern, wie zum Beispiel Kommunen als sinnvoll erachtet. Diese können, falls möglich, den Athleten extra Trainingsstandorte oder Plätze den zur Verfügung stellen. Aber auch Arbeitgeberverbände können Partner sein, da sie nach dem Studium den Übergang in das Berufsleben erleichtern können.

Jedoch kann man erkennen, dass die Universitäten die studentischen Spitzensportler meist nicht ernst nehmen. Laut Bendrich sind den meisten Hochschulen die Anzahl der studentischen Spitzensportler unbekannt, genauso wie ihr Leistungsstand. Nach einer Studie nach Bendrich, liegen auch viele Probleme innerhalb der Kommunikation zwischen Dozenten, Hochschule, Studenten und dem Projekt. Das kann zu Schwierigkeiten führen, da die Wettkampf- und Klausuren pläne synchronisiert und abgeglichen werden müssen.[30]

8. Die Olympiastützpunkte

Die Olympiastützpunkte gehören zu den wichtigsten Institutionen des deutschen Hochleistungssportes. Sie sind die Organisationen, die den Hochleistungssportlern Dienstleistungen zur Verfügung stellen und für optimale Bedingungen sorgen. Sie sind ebenfalls für die Laufbahnberatung der Sportler verantwortlich, weswegen die studentischen Spitzensportler mit eingeschlossen werden. Dabei wird ihnen auch speziell für das Studium geholfen. Die Lebenslaufberater müssen für die studentischen Spitzensportler drei Funktionen erfüllen. Als erstes sollen sie den Athleten bei der generellen Beratung des Studienganges unterstützen. Als Nächstes sollen sie den von dem Studenten gewünschten Studienort ermöglichen. Die letzte Aufgabe ist die permanente Betreuung der Studenten während ihrer Laufbahn.[31]

9. Fazit

Am Ende werde ich jetzt zu meinem Fazit kommen. Hierbei werde ich die Gemeinsamkeiten und Unterschiede der beiden Systeme nennen. Als erstes werde ich mit den Gemeinsamkeiten anfangen, danach folgen die Unterschiede.

---

[30] Vgl. Bendrich (2014): *Studentischer Spitzensport zwischen Resignation, Mythos und Aufbruch.* S.150-158
[31] Vgl. Bendrich (2014): *Studentischer Spitzensport zwischen Resignation, Mythos und Aufbruch.* S.117-119

In den USA sorgt die NCAA für die Strukturierung und Organisation des Collegesports. Sie ist eine ehrenamtliche und gemeinnützige Organisation, die den gesamten College-sport überwacht. Ihre Intention ist, jeden Studenten versuchen zu unterstützen, damit sie nicht nur akademisch, sondern auch sportlichen Erfolg vorzeigen können. Ebenso bestehen ihre Ziele für den Sport aus verschiedenen Punkten, wie ein faires, sicheres und ehrliches Verhalten während den Wettkämpfen zu sichern. Außerdem soll die Integration des Collegesportes erfolgen ohne den Bildungsauftrag zu erfüllen. Diese Punkte weist auch der deutsche Verband adh vor. Er ist ein ehrenamtlicher Verein, da er hauptsächlich aus Studenten besteht und auch geleitet wird. Der Verein wurde auch aus dem Grund gegründet, um die Wettkämpfe zu koordinieren, organisieren und zu über-wachen, genauso wie die NCAA. Ebenso könnte man die Athletic Departments mit den Olympia Stützpunkten vergleichen. In beiden Organisationen spezialisieren sich diese auf den Hochleistungssport, um die Eliteathleten zu fördern. In diesen Institutionen werden die Sportler durch Berater oder andere Angestellte in ihren Lebenslagen unter-stützt. Hinzufügend sollen beide Institutionen die Studenten unterstützen und ihnen zur Verfügung stehen.

Jetzt werde ich zu den Unterschieden kommen. Als erstes werde ich auf die Divisionen des amerikanischen Systems eingehen. Diese Divisionen unterteilen die Universitäten in den USA in unterschiedliche „Ligen" und erhalten anhand ihres Ranges verschiedene Privilegien, wie zum Beispiel die Verteilung eines Stipendiums. In dem Deutschen Sys-tem ist so eine Art von Unterteilung nicht nachzuweisen. Ergänzend sind die Anforde-rungen für ein Stipendium in dem amerikanischen System höher und weit aus an-spruchsvoller. Die Bewerber müssen mehrere Tests durchlaufen, immer eine bestimmte Anzahl an Credit hours vorweisen und einen steigenden GPA haben. In Deutschland sind diese nicht sehr anspruchsvoll. Sie müssen einen Studienplatz vorweisen, genauso wie sportliche Leistungen. In den USA besitzt der Collegesport eine sehr große Auf-merksamkeit, was man anhand der Zuschauerzahlen des Finales erkennen kann. In Deutschland wiederum besitzt der Universitätssport sehr wenig Aufmerksamkeit und weckt bei der Bevölkerung wenig bis gar keine Interesse. In Deutschland gibt es auch mehrere Institutionen, die duale Studiengänge organisieren, wie die Bundeswehr. Sie bieten auch duale Sportstudiengänge an und schenken den Studenten viel Aufmerksam-keit und begegnen ihnen mit viel Rücksicht.

Insgesamt aber ist das amerikanische System viel besser ausgebaut. Es weist eindeutig weniger Probleme auf als das deutsche System. Die Bedeutung des Sportes und Universitätssportes spielt auch dort eine größere Rolle als in Deutschland. Dies kann mit kulturellen Gründen belegt werden. Die Finanzielle Unterstützung ist auch in den USA eindeutig höher. Es wird mehr in den Universitätssport investiert als in Deutschland. In den USA ist aber auch die Geschichte des Universitätssportes länger und ausgeprägter und deswegen dies auch ausgeprägter ist.

Das amerikanische System ist sehr gut ausgebaut und besitzt sehr wenige Problemstellen, wohingegen in Deutschland die Unterstützung von studentischen Spitzensportlern sehr gering ist.

10. Quellenverzeichnis

10.1. Literaturverzeichnis

Bendrich, Benjamin (2014): Studentischer Spitzensport zwischen Resignation, Mythos und Aufbruch. *Eine Studie zur dualen Karriere in Deutschland und den USA.* Göttingen.

Kant, Immanuel: Grundlegung zur Metaphysik der Sitten, hrsg. V. T. Valentiner und eingel. V. H. Ebeling, Stuttgart 2004.

10.2. Internetverzeichnis

o. A. (2011): Duales Studium. [https://www.bibb.de/de/702.php]

o. A. (2013): Was ist ein duales Studium?. [https://www.wegweiser-duales-studium.de/infos/was-ist-ein-duales-studium/]

o. A. (2007): Was bedeutet Stipendium?. [+www.e-fellows.net/Studium/Stipendien/FAQ-zu-Stipendien/Stipendium-Eine-Definition]

Schenk, N (2011): Sport und Studium? USA!. [http://www.zeit.de/2011/29/C-Sportler-in-USA]

o. A. (o. J.): NCAA Division I. [https://www.ncaa.org/about?division=d1]

o. A. (2012): Umrechnung & Anerkennung nordamerkanischer (USA oder Kanada) Credit Units in ETCS. [https://www.academic-embassy.de/blog/umrechnung-und-anerkennung-nordamerikanischer-usa-oder-kanada-credit-units-in-ects/]

Florin (2017): What is a GPA?. [https://www.studyusa.com/en/a/179/what-is-a-gpa]

Länge 2018): Der Trainer von Alabama verdient Elf Millionen Dollar. [http://www.sueddeutsche.de/sport/college-football-amateure-im-milliardenspiel-1.3815449-2]

Prof. Dr. Escho (o. J.): Merchandising. [http://wirtschaftslexikon.gabler.de/Definition/merchandising.html]

o. A. (o. J.): Der deutsche Schützenbund [http://www.dsb.de/dsb/]
Sterzing(o. J.): Referat Sport. [https://www.stura.tu-dresden.de/referat_sport]

10.3. Abbildungsverzeichnis

Abb.1: *Members*   2 aus: https://www.ncaa.org/about/resources/media-center/ncaa-101/what-ncaa

Abb.2: *Members*   2 aus: https://www.ncaa.org/about/resources/media-center/ncaa-101/what-ncaa

11. **Anhang**

Abb. 1

Abb.2